The Silver Fox and the Northern Lights And Other Bilingual Norwegian-English Stories for Kids

Pomme Bilingual

Published by Pomme Bilingual, 2024.

THE SILVER FOX AND THE NORTHERN LIGHTS AND OTHER BILINGUAL NORWEGIAN-ENGLISH STORIES FOR KIDS

First edition. November 10, 2024.

ISBN: 979-8227916068

Written by Pomme Bilingual.

Table of Contents

Den Lurvete Trollet Under Broen

Lille Håkon likte å gå over den gamle steinbroen på vei til skolen hver morgen. Broen var dekket av mose og så ut som om den kom rett ut av et eventyr. Håkon pleide å hoppe og synge når han gikk over, og han trodde alltid han var den eneste som brukte broen. Men en morgen, akkurat idet han satte foten på broen, hørte han en dyp, rumlende stemme:

"Hei, hvem er det som tramper på broen min?"

Håkon stoppet opp, overrasket og litt redd. Men så kikket han forsiktig over kanten av broen – og der, rett under, satt et lurvete troll med et bredt smil.

"Jeg heter Trym," sa trollet og lo. "Hvis du vil passere her, må du løse en gåte først."

Håkon så på Trym og følte seg både spent og nervøs. Han hadde aldri løst en gåte før et troll! Men han visste at han måtte prøve hvis han ville komme seg til skolen i tide.

"OK, gi meg gåten din!" sa Håkon bestemt.

Trym klappet hendene og sa:

"Her kommer gåten! Jeg har ingen bein, men kan løpe. Jeg har ingen munn, men kan rope. Hva er jeg?"

Håkon tenkte hardt. Ingen bein, men kan løpe? Ingen munn, men kan rope? Etter et øyeblikk lyste han opp.

"Jeg vet det! Det er elven!" ropte han.

Trym så overrasket ut. "Riktig!" svarte han, imponert. "Men du må klare én til hvis du virkelig vil passere!"

Håkon nikket, nå enda mer selvsikker.

"OK, her kommer den neste gåten," sa Trym, og denne gangen smilte han bredere enn før. "Hva blir våtere jo mer det tørker?"

Håkon klødde seg i hodet. Dette var en vanskeligere gåte. Han tenkte og tenkte, og plutselig skjønte han det.

"En håndkle!" ropte han.

Trym lo høyt. "Du er skarp, unge mann!" sa han med et glimt i øyet. "Du har løst begge gåtene mine. Du kan gå fritt."

Håkon smilte stolt, og akkurat da han skulle gå videre, tenkte han litt til. "Vil du bli med og gå til skolen?" spurte han.

Trym stirret på ham, litt forvirret, men så smilte han bredt. "Ingen har noen gang spurt meg om å gå med dem før. Jeg tror jeg vil like det!"

Og slik ble Håkon og Trym venner. Hver morgen gikk Håkon til skolen, og hver morgen ventet Trym på ham under broen. Sammen lo de, delte flere gåter, og oppdaget nye ting om hverandre. Håkon hadde lært at selv et troll kan være en venn, så lenge man har litt mot og en dose kløkt.

The Scruffy Troll Under the Bridge

Little Håkon liked to walk across the old stone bridge on his way to school every morning. The bridge was covered in moss and looked like it came straight out of a fairytale. Håkon would often jump and sing as he walked across, always thinking he was the only one who used the bridge. But one morning, just as he set foot on the bridge, he heard a deep, rumbling voice:

"Hey, who's stomping on my bridge?"

Håkon stopped, surprised and a little scared. But then he cautiously peered over the edge of the bridge – and there, right underneath, sat a scruffy troll with a wide grin.

"My name is Trym," the troll said, laughing. "If you want to pass here, you must solve a riddle first."

Håkon looked at Trym, feeling both excited and nervous. He had never solved a riddle for a troll before! But he knew he had to try if he wanted to get to school on time.

"Alright, give me your riddle!" Håkon said, determined.

Trym clapped his hands and said:

"Here comes the riddle! I have no legs, but I can run. I have no mouth, but I can shout. What am I?"

Håkon thought hard. No legs, but can run? No mouth, but can shout? After a moment, he lit up.

"I know! It's the river!" he shouted.

Trym looked surprised. "Correct!" he replied, impressed. "But you must solve one more if you really want to pass!"

Håkon nodded, now even more confident.

"Okay, here comes the next riddle," said Trym, and this time, he smiled even wider. "What gets wetter the more it dries?"

Håkon scratched his head. This was a harder riddle. He thought and thought, and suddenly, he got it.

"A towel!" he exclaimed.

Trym laughed loudly. "You're sharp, young man!" he said with a gleam in his eye. "You've solved both my riddles. You may pass freely."

Håkon smiled proudly, and just as he was about to walk on, he thought for a moment. "Would you like to come with me to school?" he asked.

Trym stared at him, a little confused, but then he grinned broadly. "No one has ever asked me to walk with them before. I think I'd like that!"

And so, Håkon and Trym became friends. Every morning, Håkon went to school, and every morning, Trym waited for him under the bridge. Together, they laughed, shared more riddles, and discovered new things about each other. Håkon had learned that even a troll could be a friend, as long as you had a bit of courage and a touch of cleverness.

Astrid og Snøuglen

Astrid bodde i en liten landsby langt nord, der vinteren var lang og nettene ofte mørke og kalde. Hun elsket å gå ut i snøen og lytte til den stille lyden av snøfnugg som landet på bakken. En kveld, da månen lyste svakt over den hvite skogen, så hun noe bevege seg i mørket.

Der, på en gren like over henne, satt en vakker, stor snøugle. Den hadde fjær hvite som nyfallen snø og store, gule øyne som glitret i måneskinnet. Astrid kunne ikke tro sine egne øyne. Hun visste at snøugler var sjeldne, og det var noe magisk over denne uglen.

"Hei, lille venn," hvisket hun. "Hva gjør du her?"

Til hennes overraskelse så det ut til at uglen forsto henne. Den lente hodet til siden og stirret nysgjerrig tilbake. Astrid bestemte seg for å kalle den Hvit, for fjærene dens skinte som snø.

"Vil du vise meg skogen?" spurte Astrid forsiktig.

Hvit blunket, spredte vingene og svevde lydløst gjennom luften. Astrid fulgte etter, over snødekte stier og gjennom trærne som glitret i måneskinnet. Sammen vandret de dypere inn i skogen, og Hvit viste henne ting hun aldri før hadde lagt merke til.

Først fløy de til et sted der elg gikk sakte gjennom snøen. "De er skogens konger," hvisket Hvit. Astrid følte ærefrykt for de majestetiske dyrene, som bevegde seg rolig og stoisk mellom trærne.

Senere tok Hvit henne til en liten dam som nesten var helt frosset, bortsett fra et lite hull der det bodde noen fisker som svømte langsomt i det iskalde vannet. "Selv om det er vinter, finner dyrene sine egne måter å overleve på," sa Hvit.

Astrid lærte også om reven, som listet seg langsomt gjennom snøen, alltid på utkikk etter mat, og haren, som skiftet farge om vinteren for å skjule seg i snøen. Hvit fortalte henne også gamle legender – historier om nordlyset som danset over himmelen, og trollene som sies å leve dypt inne i fjellene.

Til slutt fløy Hvit henne til toppen av en ås der de kunne se hele landsbyen hennes ligge under en dyne av snø. Stjernene glitret, og det virket som om hele verden var stille og fredelig.

"Jeg visste ikke at det var så mye liv i skogen om natten," sa Astrid og smilte. "Takk for at du viste meg alt dette, Hvit."

Snøuglen nikket, som om den forsto hva hun sa, og spredte vingene en siste gang. Astrid visste at hun kanskje ikke ville se Hvit igjen, men hun følte at uglen alltid ville være der, svevende et sted over skogen og passe på henne.

Da Astrid gikk tilbake til landsbyen den natten, følte hun seg forandret. Hun hadde sett verden på en ny måte og lært å respektere og verdsette naturens hemmeligheter.

Astrid and the Snow Owl

Astrid lived in a small village far to the north, where winters were long, and the nights were often dark and cold. She loved to go outside into the snow and listen to the quiet sound of snowflakes landing on the ground. One evening, as the moonlight softly lit up the white forest, she saw something move in the darkness.

There, on a branch just above her, sat a beautiful, large snow owl. Its feathers were as white as freshly fallen snow, and its large yellow eyes sparkled in the moonlight. Astrid couldn't believe her eyes. She knew snow owls were rare, and there was something magical about this one.

"Hello, little friend," she whispered. "What are you doing here?"

To her surprise, it seemed that the owl understood her. It tilted its head to the side and stared back at her curiously. Astrid decided to call it Hvit, for its feathers shone like snow.

"Would you show me the forest?" Astrid asked softly.

Hvit blinked, spread its wings, and glided silently through the air. Astrid followed, over snow-covered paths and through trees that glittered in the moonlight. Together, they ventured deeper into the forest, and Hvit showed her things she had never noticed before.

First, they flew to a place where moose slowly walked through the snow. "They are the kings of the forest," Hvit whispered. Astrid felt awe for the majestic animals as they moved calmly and stoically between the trees.

Later, Hvit took her to a small pond that was almost completely frozen, except for a tiny hole where fish swam slowly in the ice-cold water. "Even though it's winter, the animals find their own ways to survive," Hvit said.

Astrid also learned about the fox, which crept slowly through the snow, always on the lookout for food, and the hare, which changed color in the winter to blend into the snow. Hvit also told her ancient legends – stories about the northern lights dancing across the sky and trolls said to live deep in the mountains.

Finally, Hvit flew her to the top of a hill where they could see the entire village lying beneath a blanket of snow. The stars sparkled, and it seemed as though the whole world was quiet and peaceful.

"I didn't know there was so much life in the forest at night," said Astrid with a smile. "Thank you for showing me all this, Hvit."

The snow owl nodded, as if it understood what she said, and spread its wings one last time. Astrid knew that she might not see Hvit again, but she felt that the owl would always be there, flying somewhere above the forest, watching over her.

As Astrid made her way back to the village that night, she felt changed. She had seen the world in a new way and learned to respect and appreciate the secrets of nature.

Sigurd og Midnattssolen

Sigurd var en nysgjerrig gutt som bodde i Tromsø, en by høyt oppe i nord. Det var sommer, og Sigurd hadde merket noe veldig rart: solen gikk aldri ned. Selv når klokken ble langt over leggetid, skinte solen fremdeles over fjellene og fjordene, som om den nektet å gå og legge seg.

Sigurd klarte ikke å forstå det. "Hvordan skal jeg kunne sove når solen fortsatt lyser?" mumlet han irritert en kveld.

Så fikk han en idé. "Hvis solen ikke vil gå ned, får jeg vel gå opp og slå den av!" Han pakket en liten sekk med litt brød og ost, tok på seg fjellstøvler, og begynte å klatre oppover fjellsiden i retning solen.

Veien var bratt og steinete, men Sigurd var bestemt. Etter en stund møtte han et lite lysende vesen som fløy rundt mellom steinene. Det var en fjordfe, med vinger som glitret i solen.

"Hei, lille fe," sa Sigurd. "Vet du hvordan jeg kan få solen til å gå ned? Jeg trenger å sove."

Fjordfeen lo og fløy sirkler rundt ham. "Hvorfor vil du mørke når du kan ha lys?" kvitret hun. "Midnattssolen er en gave til de som bor her i nord. Nyt lyset, lille venn!"

Sigurd ristet på hodet og fortsatte oppover. "Jeg vil bare ha litt mørke," sa han til seg selv.

Lenger oppe på stien møtte han en natt-troll som satt på en stor stein og så ut som om han ventet på noen. Trollet hadde en stor, bustete nese og øyne som skinte i det gylne sollyset.

"Hva gjør du her oppe, lille menneske?" brummet trollet.

"Jeg skal slå av solen," svarte Sigurd bestemt. "Den går aldri ned, og jeg får ikke sove!"

Natt-trollet lo så høyt at det runget mellom fjellene. "Du kan ikke bare slå av solen, gutten min," sa trollet og klappet seg på magen. "Midnattssolen er spesiell! Den gir oss energi og holder oss våkne hele natten. Se på oss natt-troll, vi sover nesten aldri!"

Sigurd sukket, men han var ikke klar til å gi opp ennå. Han klatret høyere og høyere, til han til slutt kom til toppen av fjellet. Der kunne han se hele landskapet badet i det varme, gylne lyset fra solen som hang lavt over horisonten.

Han satte seg ned og så utover fjordene, fjellene, og de små husene langt der nede i Tromsø. Sigurd pustet dypt inn og merket hvordan det spesielle lyset fikk alt til å glitre og skinne.

Plutselig tenkte han på det fjordfeen hadde sagt: "Midnattssolen er en gave." Og han husket også natt-trollets ord: "Den gir oss energi."

Kanskje, tenkte Sigurd, var midnattssolen noe helt unikt som bare de i nord fikk oppleve. Han smilte for seg selv. Kanskje han ikke trengte mørket for å sove, men heller kunne lære å nyte det spesielle lyset som lyste hele natten.

Da han gikk ned fra fjellet, følte Sigurd seg annerledes. Han bestemte seg for å sette pris på midnattssolen, og hver kveld før han la seg, satt han ved vinduet og så på lyset som aldri ble borte. Han visste nå at midnattssolen var en liten magi, en gave til alle som bodde der oppe i nord.

Sigurd and the Midnight Sun

Sigurd was a curious boy who lived in Tromsø, a town far up in the north. It was summer, and Sigurd had noticed something very strange: the sun never set. Even when it was well past bedtime, the sun still shone over the mountains and fjords, as if it refused to go to bed itself.

Sigurd couldn't understand it. "How am I supposed to sleep when the sun is still shining?" he muttered irritably one evening.

Then he had an idea. "If the sun won't go down, I'll just have to go up and turn it off!" He packed a small bag with some bread and cheese, put on his hiking boots, and started climbing up the mountainside toward the sun.

The path was steep and rocky, but Sigurd was determined. After a while, he met a small glowing creature flying between the rocks. It was a fjord fairy, with wings that sparkled in the sunlight.

"Hello, little fairy," said Sigurd. "Do you know how I can make the sun go down? I need to sleep."

The fjord fairy laughed and flew circles around him. "Why would you want darkness when you can have light?" she chirped. "The midnight sun is a gift for those of us who live in the north. Enjoy the light, little one!"

Sigurd shook his head and continued up. "I just want a little darkness," he muttered to himself.

Higher up the path, he met a night troll sitting on a large rock, looking as though he were waiting for someone. The troll had a large, bushy nose and eyes that shone in the golden sunlight.

"What are you doing up here, little human?" the troll grumbled.

"I'm going to turn off the sun," Sigurd replied determinedly. "It never goes down, and I can't sleep!"

The night troll laughed so loudly it echoed between the mountains. "You can't just turn off the sun, my boy," said the troll, patting his stomach. "The midnight sun is special! It gives us energy and keeps us awake all night. Look at us night trolls, we hardly ever sleep!"

Sigurd sighed, but he wasn't ready to give up yet. He climbed higher and higher until, at last, he reached the top of the mountain. From there, he could see the whole landscape bathed in the warm, golden light of the sun, hanging low on the horizon.

He sat down and looked out over the fjords, the mountains, and the little houses far below in Tromsø. Sigurd took a deep breath and noticed how the special light made everything shimmer and shine.

Suddenly, he remembered what the fjord fairy had said: "The midnight sun is a gift." And he also recalled the night troll's words: "It gives us energy."

Maybe, thought Sigurd, the midnight sun was something truly unique that only those in the north could experience. He smiled to himself. Maybe he didn't need the darkness to sleep, but could instead learn to enjoy the special light that shone all night long.

As he made his way down the mountain, Sigurd felt different. He decided to appreciate the midnight sun, and every evening before he went to bed, he sat by the window and watched the light that never disappeared. He now knew that the midnight sun was a little bit of magic, a gift to all who lived up north.

Klara og Den Magiske Reinen

Klara bodde i en liten landsby langt nord, der vinteren var lang og kald, og nettene var mørke. Hun hadde alltid drømt om å møte en rein. Hver gang hun så spor i snøen, lurte hun på om de kunne tilhøre en av de majestetiske reinsdyrene som streifet rundt i fjellene.

En kveld, rett før jul, da snøen dalte sakte ned fra himmelen, hørte Klara en svak lyd utenfor huset. Da hun tittet ut, fikk hun se noe helt magisk. Der, midt i snøen, sto en vakker rein med skinnende pels og glitrende horn dekket av små iskrystaller.

"Hei, Klara," sa reinen med en myk stemme.

Klara gispet. "Du... du kan snakke!"

Reinen nikket. "Jeg heter Blomst, og jeg har ventet på deg. Jeg trenger en modig følgesvenn til et viktig oppdrag."

Klara kjente hjertet banke raskere. "Hva slags oppdrag?"

"Det er midtvinters," sa Blomst, "og mange landsbyer trenger lys og varme i denne mørke tiden. Vi skal spre glede og håp til dem som trenger det mest. Vil du bli med?"

Uten å nøle kastet Klara på seg vinterkappen og satte seg opp på Blomst. Reinen løftet hodet, og med et lite hopp svevde de opp i luften, gjennom snøfylte skyer og over dype daler.

Deres første stopp var en liten landsby i en mørk dal. Klara og Blomst landet stille, og Klara så rundt seg. Mange av husene var mørke, og folk virket triste og slitne.

Blomst pekte mot en stor sekk som han hadde med seg. "I denne sekken finnes lys og varme," forklarte han. "Vi skal gi hver familie en liten gave som vil bringe glede og lys inn i hjemmene deres."

Klara åpnet sekken og fant små lanterner som glødet med et varmt, gyllent lys, og ulltepper som var like myke som reinen selv. Sammen gikk hun og Blomst fra hus til hus, og etterlot seg en lanterne og et teppe ved dørene. Snart lyste hele landsbyen opp, og en følelse av glede spredte seg blant menneskene.

"Du bringer virkelig varme til hjertene deres, Klara," sa Blomst.

De fortsatte gjennom natten og besøkte flere landsbyer. I hver eneste landsby spredte de lys, varme og glede. Klara følte seg stolt og lykkelig. Hun hadde alltid ønsket å gjøre noe stort og betydningsfullt, og nå, med Blomsts hjelp, kunne hun det.

Til slutt, like før solen skulle begynne å stige forsiktig opp over fjellene, vendte Klara og Blomst tilbake til hennes landsby. Klara klappet Blomst på hodet, og takket ham.

"Vil jeg noen gang se deg igjen?" spurte hun.

"Jeg kommer alltid tilbake når verden trenger litt mer lys og varme," svarte Blomst med et vennlig blikk. "Og husk, du bærer også lys og varme i ditt eget hjerte. Del det med andre, og magien vil alltid være hos deg."

Med de ordene forsvant Blomst sakte inn i snøføyken, og Klara sto igjen med en følelse av takknemlighet og glede. Fra den dagen av visste hun at hun alltid ville ha Blomsts magi med seg, og hun fortsatte å dele lys og varme med alle hun møtte.

Klara and the Magical Reindeer

Klara lived in a small village far north, where winter was long and cold, and the nights were dark. She had always dreamed of meeting a reindeer. Every time she saw tracks in the snow, she wondered if they might belong to one of the majestic reindeer roaming the mountains.

One evening, just before Christmas, as snowflakes drifted gently from the sky, Klara heard a faint sound outside her house. When she looked out, she saw something completely magical. There, in the middle of the snow, stood a beautiful reindeer with a shimmering coat and sparkling antlers covered in tiny ice crystals.

"Hello, Klara," said the reindeer in a soft voice.

Klara gasped. "You... you can talk!"

The reindeer nodded. "My name is Blossom, and I've been waiting for you. I need a brave companion for an important mission."

Klara's heart began to race. "What kind of mission?"

"It's midwinter," Blossom said, "and many villages need light and warmth during this dark time. We're going to spread joy and hope to those who need it most. Will you join me?"

Without hesitation, Klara threw on her winter coat and climbed onto Blossom's back. The reindeer lifted his head, and with a small leap, they soared into the sky, through snow-filled clouds and over deep valleys.

Their first stop was a small village in a dark valley. Klara and Blossom landed quietly, and Klara looked around. Many of the houses were dark, and the people looked sad and weary.

Blossom pointed to a large sack he had brought along. "In this sack, there is light and warmth," he explained. "We're going to give each family a small gift that will bring joy and light to their homes."

Klara opened the sack and found small lanterns that glowed with a warm, golden light, and wool blankets that were as soft as the reindeer himself. Together, she and Blossom went from house to house, leaving a lantern and a blanket by each door. Soon, the entire village was lit up, and a feeling of joy spread among the people.

"You truly bring warmth to their hearts, Klara," said Blossom.

They continued through the night, visiting several more villages. In each village, they spread light, warmth, and joy. Klara felt proud and happy. She had always wanted to do something meaningful, and now, with Blossom's help, she could.

Finally, just as the sun began to rise gently over the mountains, Klara and Blossom returned to her village. Klara patted Blossom's head and thanked him.

"Will I ever see you again?" she asked.

"I will always return when the world needs a little more light and warmth," Blossom replied with a kind look. "And remember, you carry light and warmth in your own heart too. Share it with others, and the magic will always be with you."

With those words, Blossom slowly disappeared into the snowy mist, and Klara was left with a feeling of gratitude and joy. From that day on, she knew she would always carry Blossom's magic with her, and she continued to share light and warmth with everyone she met.

Hemmeligheten ved Den Hviskende Fjorden

———

Emil og Liv bodde i en liten landsby ved kanten av en dyp fjord. Hver dag lekte de langs fjordkanten, samlet skjell og kastet steiner for å se dem sprette over vannet. En dag, da de satt stille og lyttet til bølgene, hørte de noe merkelig.

"Psst... kom nærmere," hvisket en stemme, lav og lokkende, fra dypet av fjorden.

Emil og Liv så på hverandre med store øyne. "Hørte du det også?" spurte Liv, hviskende.

De bøyde seg forsiktig fremover og lyttet. "Jeg er Glimrende," kom stemmen igjen, lav og dyp som en gammel fisk som visste alt om fjorden.

"Glimrende?" gjentok Emil forundret. "Hvem er du?"

Fra dypet steg en stor, skinnende fisk opp til overflaten. Den hadde skinnende skjell som glitret i lyset og øyne som virket å bære på tusen historier.

"Jeg er Glimrende, den eldste fisken i denne fjorden," sa han. "Jeg har sett ting dere bare kan drømme om."

Emil og Liv var nysgjerrige og spurte i kor, "Hva har du sett?"

Glimrende lo en liten, boblende latter. "Mange ting, små venner. Har dere noen gang hørt om de sunkne skipene som hviler her på bunnen av fjorden? Eller om skattene som sjøfolkene mistet i stormene?"

Liv og Emil holdt pusten, spente på hva Glimrende ville fortelle.

"En gang for lenge siden," begynte Glimrende, "seilte et stort skip gjennom fjorden. Skipet bar på kister fylt med gull og edelstener, skatter fra fremmede land. Men en natt slo en storm til, så voldsom at den rev skipet i stykker. Alt sank til bunns, og ingen har noensinne funnet skatten igjen."

"Finnes skatten fortsatt der nede?" hvisket Emil.

"Det gjør den," svarte Glimrende og nikket langsomt. "Men bare den som respekterer fjorden og dens hemmeligheter kan noen gang finne den."

Liv så ut over vannet, som glitret mystisk i ettermiddagssolen. "Hva med skapningene i fjorden? Finnes det flere som deg?"

"Å, ja," svarte Glimrende. "Det finnes mange slags skapninger her, både store og små. Noen er vennlige, og andre... vel, de liker ikke alltid besøk. Men hver og en av dem har sin egen historie, akkurat som dere."

"Kan du fortelle oss mer?" spurte Liv ivrig.

Glimrende smilte og begynte å fortelle om en kjempestor blekksprut som en gang reddet et skip i nød, og om sjøstjerner som lyste opp fjordbunnen som stjerner på himmelen. Han fortalte også om gamle steinstatuer som hadde sunket ned i havet og ble til hjem for fisk og alger.

Timene fløy forbi, og Emil og Liv lyttet med stor begeistring. De hadde aldri visst at fjorden deres skjulte så mange hemmeligheter.

Til slutt, da solen begynte å gå ned og kastet et gyllent lys over fjorden, sa Glimrende, "Nå må jeg tilbake til dypet. Men husk, fjorden hvisker alltid. Hvis dere lytter godt nok, vil dere høre flere historier."

Emil og Liv vinket til Glimrende da han forsvant ned i det mørke vannet igjen. Fra den dagen av besøkte de ofte fjorden, lyttet til hviskingen og prøvde å høre flere hemmeligheter.

De visste at de aldri ville være alene ved fjorden, for der fantes alltid historier, gamle som nye, bare ventende på å bli fortalt.

The Secret of the Whispering Fjord

Emil and Liv lived in a small village by the edge of a deep fjord. Every day, they played along the fjord's edge, gathering shells and skipping stones across the water. One day, as they sat quietly listening to the waves, they heard something strange.

"Psst... come closer," whispered a voice, low and enticing, from the depths of the fjord.

Emil and Liv looked at each other with wide eyes. "Did you hear that too?" Liv whispered.

They carefully leaned forward and listened. "I am Glimmer," the voice came again, low and deep like an ancient fish that knew all the fjord's secrets.

"Glimmer?" Emil repeated in amazement. "Who are you?"

From the depths, a large, shimmering fish rose to the surface. It had glistening scales that sparkled in the light and eyes that seemed to hold a thousand stories.

"I am Glimmer, the oldest fish in this fjord," he said. "I've seen things you can only dream of."

Emil and Liv were curious and asked in unison, "What have you seen?"

Glimmer chuckled a little, a bubbling laugh. "Many things, little friends. Have you ever heard of the sunken ships resting here at the bottom of the fjord? Or the treasures lost by sailors in the storms?"

Liv and Emil held their breath, eager to hear what Glimmer would share.

"Once, long ago," Glimmer began, "a grand ship sailed through this fjord. The ship carried chests filled with gold and gemstones, treasures from distant lands. But one night, a storm hit, so fierce that it tore the ship apart. Everything sank to the bottom, and no one has ever found the treasure again."

"Is the treasure still down there?" Emil whispered.

"It is," Glimmer answered, nodding slowly. "But only one who respects the fjord and its secrets can ever find it."

Liv gazed out over the water, which sparkled mysteriously in the afternoon sun. "What about the creatures of the fjord? Are there others like you?"

"Oh, yes," replied Glimmer. "There are many kinds of creatures here, both big and small. Some are friendly, and others... well, they don't always like visitors. But each of them has its own story, just like you do."

"Can you tell us more?" Liv asked eagerly.

Glimmer smiled and began to tell about a giant squid that once saved a ship in distress, and about sea stars that lit up the fjord's bottom like stars in the sky. He also told of old stone statues that had sunk into the sea, becoming homes for fish and seaweed.

Hours passed, and Emil and Liv listened with great excitement. They had never known that their fjord held so many secrets.

At last, as the sun began to set and cast a golden light over the fjord, Glimmer said, "Now I must return to the depths. But remember, the fjord always whispers. If you listen closely enough, you will hear more stories."

Emil and Liv waved to Glimmer as he disappeared back into the dark water. From that day on, they often visited the fjord, listening to the whispers and trying to hear more secrets.

They knew they would never be alone by the fjord, for there were always stories, old and new, just waiting to be told.

Birgits Magiske Bunad

Birgit var ikke veldig begeistret for den årlige festivalen i landsbyen. Hvert år måtte hun ta på seg bunaden – den tradisjonelle norske drakten med tunge skjørt, broderier og sølvspenner. "Hvorfor kan jeg ikke bare ha på meg vanlige klær?" sukket hun til moren sin.

"Birgit, bunaden er en del av vår historie og vår kultur," svarte moren mildt. "Den har tilhørt familien i generasjoner, og det er en ære å bære den."

Men Birgit syntes bunaden var kløende og ubehagelig. Hun følte seg alltid så annerledes i den – alle så på henne, og hun følte seg ikke helt hjemme i de tradisjonelle klærne.

En dag, mens hun prøvde bunaden foran speilet, la hun merke til noe merkelig. Stoffet skimret svakt, nesten som om det levde. Hun blunket og kikket nærmere, og da hun rørte bunaden, endret fargen seg fra dyp blå til en lysere nyanse.

Birgit gispet. "Hva... Hva skjer?"

Hun rørte bunaden igjen, og denne gangen ble den en vakker lilla farge, som om den følte hennes nysgjerrighet. Birgit ble nysgjerrig og eksperimenterte mer. Hun tenkte på hvor irritert hun hadde følt seg tidligere, og stoffet skiftet til en mørkere, rødaktig tone.

"Det må være magi!" hvisket hun for seg selv og smilte bredt.

Da festivaldagen endelig kom, var Birgit mer spent enn noensinne. Hun visste nå at bunaden var spesiell – den endret farge etter hvordan hun følte seg. Da hun gikk ut, følte hun seg litt nervøs med alle øynene på henne, og bunaden fikk en myk, lysegrønn tone.

Vennene hennes, som la merke til fargeskiftet, kom bort og stirret imponert. "Hvordan gjør du det, Birgit?" spurte de.

Birgit smilte stolt. "Det er en gammel familiehemmelighet," sa hun og lot bunaden glitre i en dyp blåfarge – hennes måte å vise stolthet over familiearven på.

Gjennom hele festivalen følte Birgit seg som en stjerne. Hver gang hun møtte noen, fortalte hun med glede om bunadens magiske egenskaper, og om hvordan den hadde tilhørt bestemoren og oldemoren før henne. Hun begynte å forstå hvor viktig det var å være en del av denne lange tradisjonen.

Da kvelden kom, kjente Birgit en varme i hjertet sitt. For første gang følte hun seg virkelig stolt over å bære bunaden. Den skimret i gyllent lys, som om den feiret sammen med henne.

Birgit hadde endelig funnet stolthet i sin arv og sin kultur, og fra den dagen av gledet hun seg alltid til å ta på seg bunaden og dele dens magi med alle rundt seg.

Birgit's Magical Bunad

B irgit wasn't very excited about the annual village festival. Every year, she had to wear her bunad — the traditional Norwegian outfit with heavy skirts, intricate embroidery, and silver clasps. "Why can't I just wear regular clothes?" she sighed to her mother.

"Birgit, the bunad is part of our history and culture," her mother replied gently. "It's been in our family for generations, and it's an honor to wear it."

But Birgit found the bunad itchy and uncomfortable. She always felt so out of place in it — everyone stared, and she didn't feel quite like herself in the traditional clothes.

One day, while trying on the bunad in front of the mirror, she noticed something strange. The fabric shimmered faintly, almost as if it were alive. She blinked and looked closer, and as she touched the bunad, its color shifted from deep blue to a lighter shade.

Birgit gasped. "What... what's happening?"

She touched the bunad again, and this time it turned a beautiful shade of purple, as if it responded to her curiosity. Intrigued, Birgit experimented further. She thought of how frustrated she had felt earlier, and the fabric shifted to a darker, reddish tone.

"It must be magic!" she whispered to herself, grinning widely.

When the festival day finally arrived, Birgit was more excited than ever. Now she knew her bunad was special — it changed color based on how she felt. As she stepped outside, feeling a bit nervous with all eyes on her, the bunad took on a soft, light green hue.

Her friends, noticing the color change, came over, staring in amazement. "How are you doing that, Birgit?" they asked.

Birgit smiled proudly. "It's an old family secret," she said, letting the bunad shimmer in a deep blue — her way of showing pride in her family's heritage.

Throughout the festival, Birgit felt like a star. Every time she met someone, she happily shared the bunad's magical qualities and told stories of how it had belonged to her grandmother and great-grandmother before her. She began to understand how important it was to be part of this long tradition.

By evening, Birgit felt a warmth in her heart. For the first time, she felt truly proud to wear the bunad. It shimmered with a golden glow, as if celebrating alongside her.

Birgit had finally found pride in her heritage and culture, and from that day on, she always looked forward to putting on the bunad and sharing its magic with everyone around her.

Den Modige Lille Løvetann

———

På en fjellskrent i Norge, midt mellom harde steiner og ujevn jord, vokste en liten løvetann. Den lille blomsten ble kalt Løvetann, og selv om han var liten, hadde han store drømmer. Løvetann ville vokse høyt og strekke seg mot solen som de store trærne han så i dalen nedenfor.

"Du vil aldri klare det her oppe," sa vinden og blåste hardt over fjellskrentene. "Jorden er for tørr, og steinene er for harde."

Men Løvetann nektet å gi opp. Han plantet sine røtter så dypt han kunne i den steinete bakken og strakte seg mot himmelen. Selv når vinden blåste kaldt og steinene klemte rundt røttene hans, holdt Løvetann fast.

Dagene gikk, og selv om Løvetann vokste sakte, vokste han litt hver dag. Solen varmet ham om morgenen, og selv om regnet sjelden kom, samlet han opp hver eneste dråpe som falt. Noen ganger følte han seg sliten, men han minnet seg selv på drømmen sin – å stå stolt på fjellet, høyt og sterkt.

En dag oppdaget en flokk fugler den lille, gule blomsten som vokste der ingen andre blomster våget å være. "Se på den modige lille løvetannen!" ropte en av fuglene. "Hvordan klarer du å vokse her oppe?"

"Jeg gir aldri opp," svarte Løvetann bestemt. "Selv om jorden er hard og vinden blåser kaldt, vet jeg at jeg kan klare det."

Fuglene nikket beundrende og sang en liten sang for Løvetann. Sangen fylte ham med styrke, og han vokste enda litt til.

Uker senere, da sommeren var på sitt vakreste, hadde Løvetann endelig vokst seg stor og sterk. Han strakte sine gule kronblader mot solen og skinte som en liten sol på fjellet. Vinden blåste fortsatt hardt, men nå danset Løvetann med vinden, og steinene rundt ham føltes som en del av hans hjem.

Folk som gikk forbi fjellet la merke til den modige lille blomsten som sto der alene. "Se på den vakre løvetannen!" sa de til hverandre. "Selv her oppe, blant steiner og hard jord, blomstrer den."

Løvetann smilte og følte seg stolt. Han hadde vist at det er mulig å klare seg, uansett hvor vanskelig det kan virke. Fra den dagen av ble han et symbol på styrke og mot for alle som kom forbi.

Og selv om han var liten, viste Løvetann at selv de minste kan drømme stort – og blomstre, selv under de mest utfordrende forhold.

The Brave Little Dandelion

On a rocky mountainside in Norway, nestled between hard stones and uneven soil, grew a small dandelion. This little flower was called Dandelion, and though he was small, he had big dreams. Dandelion wanted to grow tall and reach toward the sun, just like the big trees he could see in the valley below.

"You'll never make it up here," said the wind, blowing fiercely across the mountainside. "The soil is too dry, and the stones are too hard."

But Dandelion refused to give up. He planted his roots as deeply as he could into the rocky ground and stretched toward the sky. Even when the wind blew cold and the stones pressed against his roots, Dandelion held on tight.

The days passed, and though Dandelion grew slowly, he grew a little more each day. The sun warmed him in the morning, and even though rain was rare, he captured every drop that fell. Sometimes he felt tired, but he reminded himself of his dream — to stand proud on the mountain, tall and strong.

One day, a flock of birds spotted the little yellow flower growing where no other flowers dared to be. "Look at that brave little dandelion!" called one of the birds. "How are you able to grow up here?"

"I never give up," Dandelion replied firmly. "Even though the ground is hard and the wind blows cold, I know I can make it."

The birds nodded in admiration and sang a little song for Dandelion. Their song filled him with strength, and he grew a bit more.

Weeks later, when summer was at its peak, Dandelion had finally grown tall and strong. He stretched his yellow petals toward the sun and shone like a little sun on the mountain. The wind still blew hard, but now Dandelion danced with the wind, and the stones around him felt like part of his home.

People passing by the mountain noticed the brave little flower standing there all alone. "Look at that beautiful dandelion!" they said to each other. "Even up here, among rocks and hard soil, it blooms."

Dandelion smiled, feeling proud. He had shown that it's possible to thrive, no matter how difficult it might seem. From that day on, he became a symbol of strength and courage for everyone who passed by.

And though he was small, Dandelion proved that even the smallest can dream big — and bloom, even under the most challenging conditions.

Sølvreven og Nordlyset

Lille Ingrid bodde i en stille landsby nær polarsirkelen. Hun hadde lenge drømt om å se det magiske nordlyset, som hun hadde hørt så mange fantastiske historier om. Hun lengtet etter å se de grønne og lilla bølgene som danset på himmelen, men hver kveld hun kikket opp, var det bare mørkt og stille.

En kald vinterkveld, da Ingrid var på vei hjem gjennom den snødekte skogen, så hun en skinnende skikkelse mellom trærne. En vakker sølvrev med pels som glitret i månelyset sto der og så på henne med kloke øyne.

"Jeg heter Sølvrev," sa reven med en stemme myk som snøen. "Jeg har hørt ønsket ditt om å se nordlyset."

Ingrid var forbløffet – hun hadde aldri møtt en rev som kunne snakke! "Kan du virkelig vise meg nordlyset?" spurte hun spent.

"Ja," svarte Sølvrev og nikket. "Hvis du vil, kan jeg ta deg med på en magisk reise for å danse med lyset."

Ingrid kjente hjertet slå raskt av spenning. Hun nikket ivrig, og sammen begynte de reisen gjennom den snødekte skogen. Sølvrev førte henne over glitrende snø og gjennom dype, frostdekkede daler. De gikk forbi sovende trær og hørte lyden av is som knaket under stjernene. Til slutt kom de til kanten av en frossen fjord, hvor himmelen åpnet seg over dem.

Plutselig begynte lys å sveve og danse over dem, som grønne og lilla bånd som strakte seg ut og bølget over hele himmelen. Ingrid gispet av forbløffelse. "Det er vakrere enn jeg noen gang kunne ha forestilt meg!" hvisket hun.

Sølvrev smilte og satte seg ved hennes side. "Nordlyset har vært her lenge, Ingrid. For lenge siden trodde menneskene at det var lys fra åndene til gamle krigere som beskyttet landet vårt. Andre sa at det var revene som sveipet halene sine over himmelen."

Ingrid lyttet nøye til historiene, og jo mer hun hørte, desto mer forstod hun hvor spesiell denne natten var. Hun følte en dyp respekt for naturens skjønnhet og mysterier, og hun takket Sølvrev for å ha delt denne magiske opplevelsen med henne.

"Nordlyset er her for å minne oss om at det finnes magi i verden, om vi bare åpner øynene og ser," sa Sølvrev med et smil.

Da lysene til slutt begynte å blekne, fulgte Sølvrev Ingrid tilbake til landsbyen. Før de skiltes, hvisket reven: "Husk alltid natten vi danset med lyset."

Ingrid så opp på den kloke reven med et takknemlig blikk. "Jeg lover å aldri glemme," sa hun.

Og slik tok Ingrid med seg minnene om Sølvrev og nordlyset hjem, og hun bar med seg respekten for naturens underverker i hjertet sitt for alltid.

The Silver Fox and the Northern Lights

Little Ingrid lived in a quiet village near the Arctic Circle. She had long dreamed of seeing the magical northern lights, which she had heard so many fantastic stories about. She longed to see the green and purple waves dancing across the sky, but every night she looked up, it was only dark and quiet.

One cold winter evening, as Ingrid was walking home through the snowy forest, she saw a shimmering figure between the trees. A beautiful silver fox, with fur glistening in the moonlight, stood there, gazing at her with wise eyes.

"My name is Silver Fox," said the fox, with a voice soft as snow. "I have heard your wish to see the northern lights."

Ingrid was astonished—she had never met a fox that could talk! "Can you really show me the northern lights?" she asked excitedly.

"Yes," replied Silver Fox, nodding. "If you wish, I can take you on a magical journey to dance with the lights."

Ingrid's heart beat fast with excitement. She nodded eagerly, and together they began their journey through the snow-covered forest. Silver Fox led her across glistening snow and through deep, frost-covered valleys. They passed sleeping trees and heard the sound of ice cracking under the stars. Finally, they arrived at the edge of a frozen fjord, where the sky opened up above them.

Suddenly, lights began to sway and dance above them, like green and purple ribbons stretching out and rippling across the entire sky. Ingrid gasped in awe. "It's more beautiful than I ever could have imagined!" she whispered.

Silver Fox smiled and sat by her side. "The northern lights have been here for ages, Ingrid. Long ago, people believed it was the light of the spirits of ancient warriors protecting our land. Others said it was the foxes sweeping their tails across the sky."

Ingrid listened closely to the stories, and the more she heard, the more she understood how special this night was. She felt a deep respect for the beauty and mysteries of nature, and she thanked Silver Fox for sharing this magical experience with her.

"The northern lights are here to remind us that there is magic in the world if we just open our eyes and see," said Silver Fox with a smile.

As the lights finally began to fade, Silver Fox guided Ingrid back to the village. Before they parted, the fox whispered, "Always remember the night we danced with the lights."

Ingrid looked up at the wise fox with grateful eyes. "I promise to never forget," she said.

And so, Ingrid carried the memories of Silver Fox and the northern lights home with her, and she held a deep respect for nature's wonders in her heart forever.

Eirik og Smørblomstløftet

E irik var en nysgjerrig gutt som elsket å plukke blomster til familien sin, spesielt de gule smørblomstene som lyste opp engene om våren. Han syntes det var noe magisk over de små gule blomstene, og de fikk ham alltid til å smile.

En solfylt vårdag besøkte Eirik bestemor, som satt i hagen sin og sorterte urter. Han løp til henne med en bukett smørblomster, og hun smilte varmt til ham.

"Vet du hva vi pleide å gjøre med smørblomster da jeg var liten?" spurte bestemor og holdt en smørblomst opp mot haka til Eirik.

Eirik lo da blomsten kastet et gult skinn på huden hans. "Hva gjorde dere, bestemor?"

"Vi laget smørblomstløfter," forklarte hun. "Vi holdt smørblomsten under haken og laget et løfte om å være snille – mot naturen, dyrene og hverandre. Så lenge løftet ble holdt, ville smørblomsten bringe oss lykke."

Eirik ble veldig nysgjerrig og bestemte seg for å lage sitt eget smørblomstløfte. Han løftet blomsten opp til haken og sa høyt, "Jeg lover å være snill mot skogen og alle skapningene som bor her."

Fra den dagen besøkte Eirik skogen ofte, og han la merke til ting han aldri før hadde sett. En dag møtte han en liten familie pinnsvin som trengte hjelp til å finne et trygt sted å bo. Eirik lagde en liten hule til dem under noen busker, og pinnsvinene snuste takknemlig på ham før de krøp sammen i sitt nye hjem.

Jo mer tid Eirik tilbrakte i skogen, desto mer lærte han om de ulike plantene og dyrene som levde der. Han oppdaget hvor skjørt livet i skogen kunne være, og han begynte å forstå at hvert tre, hver blomst og hvert lite dyr spilte en viktig rolle i det store bildet. Han husket smørblomstløftet sitt og visste at det var hans ansvar å ta vare på naturen.

En dag, da han igjen plukket smørblomster, så han seg rundt i skogen og følte en dyp takknemlighet for alt den hadde å gi. Han forstod nå at løfter som smørblomstløftet var med på å beskytte alt det vakre rundt ham.

“Jeg skal alltid holde smørblomstløftet mitt,” hvisket han for seg selv, og han smilte mot skogen som om den smilte tilbake.

Eirik and the Buttercup Promise

Eirik was a curious boy who loved picking flowers for his family, especially the yellow buttercups that lit up the meadows in spring. He found something magical about the small yellow flowers, and they always made him smile.

One sunny spring day, Eirik visited his grandmother, who was sitting in her garden sorting herbs. He ran to her with a bouquet of buttercups, and she smiled warmly at him.

"Do you know what we used to do with buttercups when I was little?" she asked, holding a buttercup up to Eirik's chin.

Eirik laughed as the flower cast a yellow glow on his skin. "What did you do, Grandma?"

"We made buttercup promises," she explained. "We would hold the buttercup under our chin and make a promise to be kind—to nature, the animals, and each other. As long as the promise was kept, the buttercup would bring us good luck."

Eirik was very curious and decided to make his own buttercup promise. He lifted the flower to his chin and said aloud, "I promise to be kind to the forest and all the creatures that live here."

From that day on, Eirik visited the forest often, and he began to notice things he had never seen before. One day, he met a little family of hedgehogs who needed help finding a safe place to live.

Eirik made a small den for them under some bushes, and the hedgehogs sniffed at him gratefully before curling up together in their new home.

The more time Eirik spent in the forest, the more he learned about the various plants and animals that lived there. He discovered how fragile life in the forest could be, and he began to understand that each tree, each flower, and each small creature played an important role in the bigger picture. He remembered his buttercup promise and knew that it was his responsibility to take care of nature.

One day, as he was picking buttercups again, he looked around the forest and felt a deep gratitude for all it had to offer. He now understood that promises like the buttercup promise helped protect all the beauty around him.

"I will always keep my buttercup promise," he whispered to himself, smiling at the forest as if it were smiling back.

Lysvokterens Hemmelighet

I den lille kystlandsbyen Skarsvåg bodde en gutt ved navn Ola. Hver sommer tilbrakte han dagene ved havet, hvor han ofte satte seg på den steinete stranden og så utover det store, blå havet. Han elsket å høre de gamle sjøfortellingene som lysvokteren Sindre fortalte. Sindre var en stille mann, men når han begynte å snakke om havet, var det som om han visste alle havets hemmeligheter.

En ettermiddag, da skyene begynte å mørkne over fjellene, kom Sindre bort til Ola. "Er du klar for et eventyr, gutt?" spurte han med et glimt i øyet. "Kom, bli med meg til fyret. Vi må holde vakt mens stormen kommer."

Ola fulgte spent med Sindre til det gamle fyret som sto høyt på klippen. Det var en farlig tur, men Sindre hadde alltid vært rolig, selv i de sterkeste stormene. Da de nådde fyret, så Ola utover havet som begynte å røre seg voldsomt. Vinden begynte å uroe havet, og skyene raste over himmelen.

"Kom, vi må passe på at lyset i fyret aldri går ut," sa Sindre. "Stormen kan komme raskt, og vi må være forberedt."

De to satte seg sammen i det lille tårnet, og Sindre begynte å snakke med Ola om stormene som hadde herjet langs kysten i gamle tider. Han fortalte om den mystiske sjøånden som beskyttet fyret, en ånd som var kjent for å bringe lyset tilbake når det ble slukket i uvær.

Plutselig begynte stormen å rase. Vinden hylte rundt fyret, og regnet pisket mot vinduene. Ola kikket ut og kunne nesten ikke se noe, bare et hav av mørke bølger og lyn som sprutet over horisonten.

"Hvordan skal vi klare oss gjennom denne stormen?" spurte Ola, litt redd.

Sindre smilte og pekte på den store sjøstenen som stod på toppen av fyret. "Når stormen er som verst, er det da sjøånden kommer til hjelp. Den har beskyttet fyret i hundrevis av år. Du må stole på den, Ola."

Akkurat da begynte lyset i fyret å blinke kraftig. En myk, lysende skikkelse steg ut av mørket, som om den kom fra havet selv. Det var sjøånden. Hennes klare, glitrende lys lyste opp fyret og fikk vinden til å stilne.

Ola visste plutselig at det var noe magisk over alt det han hadde hørt om havet. Ånden, med sin kraft, hadde ledet dem gjennom stormen. Han følte seg ikke redd lenger, bare fylt med en ny forståelse for havets mysterier og hvordan menneskene og naturen var knyttet sammen.

"Du har vært modig, Ola," sa Sindre, da stormen sakte begynte å roe seg. "Dette er hva havet lærer oss: å stole på naturens krefter, men også å stole på oss selv når vi står overfor utfordringer."

Ola så på sjøånden som sakte forsvant tilbake i mørket, og han visste at han aldri ville glemme denne natten. Han hadde lært at uansett hvor stor stormen var, kunne tillit og mot hjelpe ham å finne veien gjennom mørket.

The Lighthouse Keeper's Secret

In the small coastal village of Skarsvåg, there lived a boy named Ola. Every summer, he spent his days by the sea, often sitting on the rocky beach, gazing out over the vast, blue ocean. He loved listening to the old sea tales told by the lighthouse keeper, Sindre. Sindre was a quiet man, but when he began to talk about the sea, it was as if he knew all of its secrets.

One afternoon, as the clouds started to darken over the mountains, Sindre walked up to Ola. "Are you ready for an adventure, boy?" he asked with a twinkle in his eye. "Come, join me at the lighthouse. We need to keep watch as the storm approaches."

Ola eagerly followed Sindre to the old lighthouse perched high on the cliff. It was a dangerous journey, but Sindre had always been calm, even in the fiercest storms. When they reached the lighthouse, Ola looked out over the sea, which was beginning to churn violently. The wind began to stir the ocean, and the clouds raced across the sky.

"Come, we must make sure the light in the lighthouse never goes out," said Sindre. "The storm may come quickly, and we must be prepared."

The two sat together in the small tower, and Sindre began to tell Ola about the storms that had ravaged the coast in ancient times. He spoke of the mysterious sea spirit that protected the lighthouse, a spirit known to bring the light back when it was extinguished in a storm.

Suddenly, the storm began to rage. The wind howled around the lighthouse, and the rain lashed against the windows. Ola looked out, barely able to see anything—only a sea of dark waves and lightning flashing on the horizon.

"How are we going to make it through this storm?" asked Ola, a little frightened.

Sindre smiled and pointed to the large sea stone at the top of the lighthouse. "When the storm is at its worst, that's when the sea spirit comes to help. It has protected this lighthouse for hundreds of years. You must trust it, Ola."

Just then, the light in the lighthouse began to flicker wildly. A soft, glowing figure rose out of the darkness, as if it came from the sea itself. It was the sea spirit. Her bright, shimmering light illuminated the lighthouse and made the wind quieten.

Ola suddenly realized that there was something magical about everything he had heard about the sea. The spirit, with its power, had guided them through the storm. He no longer felt afraid—only filled with a new understanding of the sea's mysteries and how humans and nature are connected.

"You've been brave, Ola," said Sindre, as the storm slowly began to calm. "This is what the sea teaches us: to trust nature's forces, but also to trust ourselves when we face challenges."

Ola watched as the sea spirit slowly disappeared back into the darkness, and he knew that he would never forget this night.

He had learned that no matter how fierce the storm, trust and courage would help him find his way through the darkness.

Nora og Trollsteinene

Nora elsket å leke i skogen bak landsbyen. Hver dag løp hun mellom trærne, klatret på steiner og samlet blomster. En av de mest spennende plassene hun visste om, var den gamle steinsirkelen som sto dypt i skogen. Steinene var enorme, ru og hadde en mystisk glød, som om de skjulte en hemmelighet. Det ble sagt at de var forheksede, men ingen visste egentlig hvor de kom fra eller hvorfor de var der.

En solfylt ettermiddag, mens hun lekte nær steinene, følte Nora plutselig en merkelig kraft som trakk henne nærmere sirkelen. Hun visste at hun hadde vært her før, men denne gangen var det annerledes. Noe føltes magisk.

Da hun strakte ut hånden for å berøre en av de største steinene, begynte den å vibrere lett. Øynene hennes ble store. Før hun visste ordet av det, ble steinene rundt henne fylt med et lys som brøt gjennom skyggen fra trærne. Nora var redd, men nysgjerrig, og før hun visste ordet av det, ble hun trukket inn i steinsirkelen.

I et øyeblikk ble alt mørkt, men så åpnet det seg et lys, og Nora fant seg selv i en helt ny verden. Foran henne sto en gammel elg, med hvit pels og visdom i øynene.

"Du har trådt inn i et av de magiske riker," sa elgen rolig. "Disse steinene er portaler til mange verdener, og hver verden bærer sin egen historie og lærdom."

Nora kjente på hjertet sitt som banket raskt, men elgens rolige stemme fikk henne til å føle seg trygg. "Hva er det jeg skal lære?" spurte Nora.

"Du vil møte mange skapninger her, noen som vil prøve å teste deg," svarte elgen. "Men hver verden har en gave til deg, om du er modig nok til å finne den."

Sammen med elgen begynte Nora sin reise gjennom de magiske rikene. Det første stedet de kom til, var et mørkt og tåkelagt skogområde, hvor store troll gjemte seg bak trærne. "Hva er det du ønsker her, menneskebarn?" rømte ett av trollene med dyp stemme.

"Jeg leter etter visdom," svarte Nora med et fast blikk.

"Visdom kommer til dem som er modige," sa trollet og viste henne en stein som glødet svakt. "Men du må gå videre for å finne din neste lærdom."

Nora gikk videre og kom snart til et rike hvor enorme, vennlige kjemper levde. Kjempen de møtte tok henne med til et høyt fjell, og derfra lærte hun at styrke ikke bare ligger i muskler, men i hjertet.

"Modighet og vennlighet går hånd i hånd," sa kjempen. "Den som er sterk i sitt hjerte, er sterk i alt."

Reisen hennes fortsatte gjennom mange fantastiske riker: et hav fullt av magiske skapninger, en hage med eldgamle trær som visste menneskets største hemmeligheter, og til og med et rike hvor stjernene på nattehimmelen var levende vesener som kunne synge.

Da Nora til slutt vendte tilbake til steinsirkelen, visste hun at hun hadde lært mer enn bare magi. Hun hadde lært at verden er full av mysterier, og at menneskene har en viktig rolle i å forstå og beskytte disse. Steinene var mer enn bare forhekset; de var en påminnelse om at det er magi i naturen og i menneskene rundt oss.

"Du har lært mye på din reise, Nora," sa elgen før han forsvant tilbake i skogen. "Husk alltid at du har styrken til å gjøre verden til et bedre sted, med kjærlighet, mot og visdom."

Med et smil på leppene gikk Nora tilbake til landsbyen, og visste at hun aldri ville glemme de magiske opplevelsene hun hadde hatt gjennom trollsteinene. Hun hadde oppdaget at magien ikke bare fantes i eventyrene, men også i de hverdagslige valgene hun gjorde.

Nora and the Troll Stones

Nora loved playing in the forest behind her village. Every day, she ran between the trees, climbed rocks, and picked flowers. One of the most exciting places she knew was the old stone circle deep in the forest. The stones were enormous, rough, and had a mysterious glow, as if they were hiding a secret. It was said that they were enchanted, but no one really knew where they came from or why they were there.

One sunny afternoon, while playing near the stones, Nora suddenly felt a strange force pulling her closer to the circle. She knew she had been here before, but this time it felt different. Something felt magical.

As she reached out to touch one of the largest stones, it began to vibrate gently. Her eyes grew wide. Before she knew it, the stones around her were filled with a light that broke through the shadows of the trees. Nora was scared but curious, and before she could react, she was pulled into the stone circle.

For a moment, everything went dark, but then a light opened up, and Nora found herself in an entirely new world. In front of her stood an old elk, with white fur and wisdom in its eyes.

"You have entered one of the magical realms," said the elk calmly. "These stones are portals to many worlds, and each world carries its own story and lesson."

Nora felt her heart race, but the elk's calm voice made her feel safe. "What is it that I must learn?" Nora asked.

"You will meet many creatures here, some that will try to test you," the elk replied. "But every realm has a gift for you, if you are brave enough to find it."

Together with the elk, Nora began her journey through the magical realms. The first place they arrived at was a dark, misty forest where large trolls hid behind the trees. "What do you seek here, human child?" one of the trolls growled in a deep voice.

"I seek wisdom," Nora answered, her gaze steady.

"Wisdom comes to those who are brave," said the troll, showing her a stone that glowed faintly. "But you must continue your journey to find your next lesson."

Nora moved on and soon reached a realm where enormous, friendly giants lived. The giant they met took her to a tall mountain, where she learned that strength does not only lie in muscles but in the heart.

"Courage and kindness go hand in hand," said the giant. "He who is strong in heart is strong in all."

Her journey continued through many wonderful realms: a sea full of magical creatures, a garden with ancient trees that knew humanity's greatest secrets, and even a realm where the stars in the night sky were living beings who could sing.

When Nora finally returned to the stone circle, she knew that she had learned more than just magic. She had learned that the world is full of mysteries, and that humans have an important role in understanding and protecting them. The stones were more than just enchanted; they were a reminder that there is magic in nature and in the people around us.

"You have learned much on your journey, Nora," said the elk before disappearing back into the forest. "Always remember that you have the strength to make the world a better place, with love, courage, and wisdom."

With a smile on her face, Nora made her way back to the village, knowing she would never forget the magical experiences she had had through the troll stones. She had discovered that magic wasn't just found in fairy tales, but in the everyday choices she made.

www.ingramcontent.com/pod-product-compliance
Lightning Source LLC
Chambersburg PA
CBHW061403140726
47997CB00003B/1340